Trawiad

Seizure

Pamffled o gerddi | A poetry pamphlet

Sara Louise Wheeler

Cyflwynedig i bawb y mae trawiadau neu themâu tebyg wedi effeithio ar eu bywydau ryw fodd, ac i unrhyw un sy'n darllen oherwydd bod ganddynt ddiddordeb mewn dysgu mwy.

Dedicated to all those whose lives have been in some way affected by seizures or similar themes, and to anyone who is reading because they're interested in learning more.

Cynnwys/ Contents

RHAGAIR

Fel baban, cefais drawiad a diagnosis o 'ffitiau gwres'. Wn i ddim ai dyna oedd y diagnosis cywir, ond rhoddwyd cyffur gwrth-epileptig (CGE) i mi. Mae tystiolaeth erbyn hyn fod y math yma o gyffuriau yn medru effeithio ar dyfiant 'statural', yn enwedig os ydych yn eu gymryd am flwyddyn neu fwy; cymerais innau CGE o 1981 i 1985, a minnau yn 2 – 6 oed.

Ar y llaw arall, wrth gwrs, mae yna hefyd dystiolaeth fod trawiadau yn medru achosi niwed, tebyg ac hefyd gwaeth, heb driniaeth. Beth bynnag y rheswm, bychan iawn oeddwn i, a heb datblygu cymaint a'r plant eraill, pan ddechreuais ysgol. Ni chefais diagnosis o anghenion addysgol arbennig tan oeddwn yn 17 oed.

Yn y cyfamser, cefais 'relapse' yn mis Mehefin 1987 a deffrais yn yr ysbyty. Ers hynny, dwi wedi bod wrthi'n ceisio deall y cyflwr hwn a'r effaith mae o wedi'i chael ar fy mywyd yn hir-dymor. Adlewyrchu'r ymdrech hwn y mae'r cerddi yma. Gobeithiaf wnewch chi eu fwynhau.

PREFACE

As a baby, I had a seizure and was diagnosed with 'febrile convulsions'. I don't know if that was the correct diagnosis, but I was given an antiepileptic drug (AED). There is now evidence that drugs like this can affect 'statural' growth, especially if you take them for one year or more; I took an AED from 1981 to 1985, when I was 2 – 6 years old.

On the other hand, of course, there is also evidence that seizures can cause similar damage, and worse, without treatment. Whatever the reason, I was very small when I started school, and less developed than my classmates. I was not diagnosed with special educational needs until I was 17 years old.

In the meantime, I had a relapse in June 1987 and woke up in hospital. Since then, I have been trying to understand this illness and the long-term effect it has had on my life. These poems are a reflection of this effort. I hope you enjoy them.

BABAN BACH GLAS

Un bore oer ym mis Ionawr,
baban bychan
yn gadael y 'sbyty,
yn llai na'r rhai
sydd newydd ei geni.

Adre wedi'i lapio'n glyd
mewn haenau cynnes braf.

Yn sydyn yn troi'n las
a'i chorff bychan yn stiff
wrth i drawiad gydio ynddi,
aethant drws nesa
at y nyrs oedd yn byw 'na,
ac trwy lwc roedd hi adra.

Tynnodd Rose y blanced
a'r dillad oddi arni,
gostwng ei thymheredd
a be' debyg safio'i bywyd hi.

Cyflwr arbennig
trawiadau
oedd arni,
ac felly...
...yn ôl i'r ysbyty â hi.

LITTLE BLUE BABY

One cold morning in January,
a tiny baby
left the hospital,
smaller than the
new-born babies.

At home wrapped snuggly
in nice warm layers.

Suddenly turning blue
her small body stiff
as a seizure takes hold of her,
they went next door
to the nurse who lived there,
and by luck she was home.

Rose removed the blanket
and the clothes from her,
lowering her temperature
and probably saving her life.

A special condition,
seizures,
affected her, so…
…back to hospital with her.

Y BILSEN BORFFOR

Yn fach ac yn ddiniwed ydoedd,
pert hyd yn oed; lliw pinc-porffor...
ond aeth hi'n faich dyddiol,
bron yn amhosib i'w llyncu,
nes fy mod yn ei gasáu ac yn gwegian
ac yn gwgu wrth ei gymryd.

Ond roedd rhaid i mi, doedd dim dewis,
oherwydd... rhywbeth a ddigwyddodd,
ymhell cyn i fy atgofion ddechrau.

Bu grŵp o ferched y dosbarth
am 'swopio'
tabledi fitaminau
ar fuarth yr ysgol. Gwnaethant gynlluniau
i'w cuddio, dod ag un sbâr...

wrth reddf, gwrthodais,
roedd y bilsen borffor yn wahanol...
ond wrth weld eu bod nhw'n flin
ac yn oeri tuag ataf, cytunais wedi'r cyfan.

"Fedret ti ddweud dy fod wedi ei ollwng
ar y llawr, fel gwnes i - a'i bod wedi rholio
o dan y cwpwrdd mawr"; *wnes i byth hynny*.

Ond mi ges i *'relapse'* yn'do, ac felly

mae'n debyg i mi fethu a'i chymryd
weithiau... rhyw dro... efallai?

Dim ots faint dw i'n straffaglu
i gofio nôl, gwthio trwy atgofion...
nid wyf yn siŵr o gwbl,
a wnes i roi un o'r rhain iddyn nhw;
gobeithiaf ddim, gobeithiaf ddim.

Euogrwydd a chywilydd
sy'n perthyn i'r atgofion hyn.

THE PURPLE PILL

It was small and unassuming,
pretty even; pink-purple colour...
but it became a daily burden,
almost impossible to swallow,
until I hated it, threw tantrums,
and pulled a face as I took it.

But I had to, there was no choice,
because...of something that happened,
long before my memories began.

A group of girls in the class
Talked of *'swapping'*
vitamin tablets
on the school yard. They made plans
to hide them, bring in spares...

instinctively, I refused,
the purple pill was different...
but seeing that they were angry
and cooling towards me, I agreed after all.

"You can say you've dropped it
on the floor, as I did, and that it rolled
under the big cupboard"; *I never did that.*

But I had a 'relapse', and so
I guess I failed to take it

sometimes...some time...maybe?

No matter how much I struggle
to remember back, push through memories...
I'm not sure at all
if I gave them one of these;
I hope not, I hope not.

Guilt and shame
belong to these memories.

SARA-BACH, YN Y BRIF FFRWD

Plentyn bychan, gwallt cwta,
yna, niwl sidanaidd tenau'n
gwinau sgleiniog o amgylch
wyneb bach syndromaidd.

Fel tasa' hi ar dempo gwahanol
i'r plant eraill
yn symud yn slô ac ansicr
mewn rhyw fath o freuddwyd.

Methu darllen, na sgwennu
na dal ysgrifbin hyd yn oed;
ac yn cael mynd am ei chinio'n
fuan, a'r plant eraill yn protestio
ond medde'r athrawes
"Wel, sbïwch arni";

mi wnaethant,
a dyna lle roedd hi
a'i llaw bach borffor-las
yn dal y frechdan fach jam
a'r bara gwyn
a brathiadau bach, bach
allan ohoni.

Pam wnaeth neb sylwi?
Wel mi wnaethant,
ond wnaeth neb feddwl holi

"Oes 'na reswm, fod hi
mor ar ei hôl hi?"

Tasa' rhywun wedi cysylltu'r
symptomau hefo'i ffeil hi
o'r ysbyty,
efallai fysa' rhywun wedi
ei symud hi
allan o'r brif ffrwd
neu o leiaf wedi rhoi cymorth
o ryw fath iddi.

Ond ni wnaethon nhw
a dyna pam
roedd Sara-bach
ar goll, yn y brif ffrwd.

SARA-BACH, IN THE MAINSTREAM

A small child, with short hair,
which grew into a thin silky shiny
chestnut mist around
a small syndromic face.

As though at a different tempo
to the other children
moving slowly and uncertainly
in a kind of dream.

Could't read or write
nor even hold a pen;
sent for lunch early,
the other children protested
but the teacher said
"But look at her";

they did
and there she was
her little purple-blue hand
holding the small jam sandwich
on white bread
with tiny, tiny bites
out of it.

Why did no one notice?
Well, they did,

but no one thought to ask
"Is there a reason, why she
might be, so behind?"

If someone had linked the
symptoms with her file
from the hospital,
maybe someone would have
moved her
out of the mainstream
or at least provided assistance
of some kind to her.

But they didn't
and that's why
there was 'little Sara'
lost, in the mainstream.

DIHUNO YN YR YSTAFELL WEN

Sylweddolais yn rhy hwyr fy mod yn annioddefol o boeth;
ymbalfalais am fotymau siâp-blodyn fy nghardigan
broderie anglaise, wedi'u gweu mewn gwlân enfys
gan fy modryb. Pe medrwn ei datod a'i thynnu,
fyswn i'n ocê, meddyliais; ond teimlais yn wannach
gyda phob eiliad, ac nid oedd fy nghorff yn ymateb.

Syllais ar y glo ffug yn y tân nwy,
gan ymbilio arno i beidio arllwys gwres,
ond parhaodd i fflamio, fflamio, fflamio ac yna...

*'Mae hi'n deffro - mae'n iawn, cariad, 'da ni'n mynd â thi
i'r ysbyty, dos di 'nôl i gysgu rŵan...'.* Ac felly mi wnes i,
yn ddiolchgar, gan mai dyma ro'n i'n dyheu am ei wneud.

Dihunaf yn araf, yn ymwybodol fod fy nghroen yn oer –
mor annioddefol o oer. Mae fy mraich yn las
ac yn groen gŵydd, ond ni fedraf symud,
ddim hyd yn oed i dynnu'r cynfas tenau drosof,
i gynnig lloches gan – beth oedd hynna,
yn fy ngwneud i'n oerach fyth? Ffan?

Beth oedd y lle yma? Pam roeddwn i yma? A pham
roedden nhw'n fy ngwneud i mor, mor oer?

Symudaf fy mhen a gweld fy mod mewn ystafell wen,
llawn plant – i gyd yn gwisgo gwyn. Mae'r plentyn
i'r dde wedi ei amgylchynu â niwl gwyn,
ac mae'n ei anadlu fel pe bai'n gysur iddo.

Ydw i wedi marw? Ai'r nefoedd yw hyn?
Mae fy nghof a'm meddyliau'n glytwaith
mae pob dim mor ddryslyd.

Ond dyma ni gliw – dynes yn sbïo lawr arnaf.
Mae hi'n gwisgo het ac iwnifform
mae hi'n edrych fel nyrs ac mae'n cadarnhau
fy mod yn yr ysbyty; rwyf wedi cael confylsiwn gwres.

Fysa' hi'n medru diffodd y ffan? Wel, fysa'n rhaid
trafod hynny hefo'r meddyg – roeddwn i fod
i gael fy nghadw'n ddi-dwym.

Aiff hi i ofyn, a gorweddaf innau 'nôl, ar fy ngwely gwyn,
yn yr ystafell wen sy'n llawn plant gwanllyd eraill.

AWAKENING IN THE WHITE ROOM

I realised too late that I was unbearably hot;
my fingers fumbled at the flower-shaped buttons
of my broderie Anglaise cardigan, knitted in rainbow wool
by my aunty. If I could just undo them and take it off,
I'd be okay, I think. But I felt fainter with each second
and my body was not responding – I stared
into the faux embers of the gas fire,
willing it not to exude heat, but it kept on
glowing, glowing, glowing, and then…

"She's waking up – it's okay love, we're
just taking you to the hospital, you go on
back to sleep now". And so I did, grateful
as this was all I felt I could do.

I'm drifting into consciousness and am aware
that my skin is cold – so horribly, unbearably
cold. My arm looks blue and is nothing but goose-bumps,
but I can't move – not even enough to pull the thin
sheet over me, to offer protection from…what
was that making me colder still? A fan?

What was this place? Why was I here? And why
were they making me so very, very cold?

I tilt my head and see that I'm in a white room,
full of children – all wearing white. The child
to my right has white mist around him and he is
breathing it in, as though consuming it
is a comfort. Am I dead? Is this heaven?

My memories and thoughts are a jumble –
it's all so confusing.

Ah but now here's a clue – a lady peering
down at me – she is wearing a hat and
a uniform – she looks like a nurse and she
confirms that I'm in hospital; I've had a
convulsion. Could she please put the fan off?
Well, this would need to be discussed with
the doctor – I was supposed to be kept cool.

She went away to find out and I lay back
on my white bed, in the white room -
full of other sickly children.

YN DDIWEDDARACH YN YR YSTAFELL CHWARAE...

Ar ôl gweld y meddyg
caf wisgo a mynd...
i'r ystafell chwarae.

Mae yna deledu
does neb yn gwylio
achos rydyn ni'n eistedd
o amgylch y bwrdd

caiff fwydlen ei chylchu
dw i'n archebu cawl tomato
fy ffefryn
wrth fy modd
yn gwneud ffrindiau
cymaint haws
y plant
yn llai brawychus yma.

O amgylch ffrâm y drws
daw wynebau fy rhieni
yn dynn a gwyn gyda sioc;
wedi dod i fy nghymryd fi adref
Na! Dydw i ddim eisiau mynd!
O?!

Mae fy nghawl ar ei ffordd...
mae gennym gawl gartref
mae'r 'Sister' yn dweud
y bydd hynny'n well
mae cawl ysbyty yn denau fel dŵr...
ond dw i eisiau aros a chwarae ...

Awn
a gadael
yr ystafell chwarae ddymunol
a'r plant gwanllyd
eraill.

LATER IN THE PLAYROOM…

After seeing the doctor
I can dress and go…
to the playroom.

There's a TV
nobody's watching
because we're sitting
'round a table

a menu circulated
I order tomato soup
my favourite
in my element
making friends
so much easier
the children are
less terrifying here.

Around the door
my parents peer
shocked faces
come to take me home
No! I don't want to go!
Oh?!

My soup is on its way…
we have soup at home

Sister says that'll be better
hospital soup is watery…
but I want to stay and play…

We go
and leave
the pleasant playroom
and all the other
sickly children.

ELECTROENCEPHALOGRAM

Dw i mewn ystafell ysbyty; maent yn rhoi
gwlân cotwm gwlyb ar groen fy mhen,
o dan
rhyw fath o gap dellt
gyda gwifren ynghlwm.

Yna, dw i ar fy mhen fy hun.

Mae peiriant
ar draws yr ystafell,
yn gwneud synau…
Mae'n ymddangos ei fod yn ymateb i mi, fy meddyliau
crensian fy nannedd, difyr…

…mae rhywun yn rhedeg i mewn…

yn gwirio'r peiriant,
yna fi ... esboniaf ...
golwg ryddhad, yna'n llym ...
paid â chrensian dy ddannedd...

yna, dw i ar ben fy hun…

dw i'n anghofio
beth ddigwyddodd nesaf…

heblaw
am feddwl
'Am beth ar y ddaear oedd hynny?!'

ELECTROENCEPHALOGRAM

I'm in a hospital room; they put
wet cotton wool to my scalp,
beneath
some kind of lattice cap
with wire attached.

Then I'm alone.

A machine
across the room,
is making noises…
seems to be responding to me, my thoughts
gritting my teeth, how interesting…

…someone runs in…

checks the machine,
then me…I explain…
relieved look, then stern…
don't clench your teeth…

then I'm alone…

I forget
what happened next…

except
for thinking
'What on earth was all that about?!'

Y BIBELL DDU

Wnaeth Mam roi ei bys yn dy geg
i stopio ti rhag llyncu dy dafod,
ond wnest ti frathu'n galed
nes bod ei bys yn las
ac yn llawn tolciau
wrth iddi dynnu fo o 'na...

... felly wnaethon nhw roi hwn i ni,
fel os mae'n digwydd eto,
wnawn ni ddefnyddio hwn yn lle.

Sbïais ar y bibell du siâp 'L'
hefo rhimyn trwchus. Difyr
oedd y stori, a'r wybodaeth
a ges i gan fy mrawd,
wrth i mi geisio cludo'r clytiau carpiog
o atgofion oedd gen i o'r noson honno
at ei gilydd – a gwneud synnwyr o'r cyfan.

Mewn llais fel sibrwd, gofynnodd Mam
iddo wedyn: "Pam wnes di ddweud hynny wrthi?"
Ag yntau yn mynnu "achos dw i'n meddwl bod
o'n bwysig iddi gael gwybod".

Finnau yn eu gwylio nhw'n siarad
o'm swigen bell, fel pob dim
oedd yn ymwneud â'r cyfnod dryslyd hwnnw.

Wnes i byth ei angen, diolch i'r drefn,
ond mae'n rhan o chwedloniaeth chwerw
y salwch plentyndod sinistr sy'n
fy mhlagio, yr hyn
na wnaethom ni ei drafod.

THE BLACK PIPE

Mum put her finger in your mouth
to stop you from swallowing your tongue,
but you bit hard
until her finger was blue
and full of dents
as she pulled it from there...

...so they gave us this,
in case it happens again,
we can use this instead.

I looked at the black 'L' shaped pipe
with a thick rim. It was an interesting
story, from the information
provided by my brother,
as I tried to glue together the rags
of memories I had of that night
and make sense of it all.

In a voice like a whisper, my mum asked him then:
'Why did you tell her that?'
He answered 'because I think
it's important for her to know".

I watched them talk
from my distant bubble, like everything
seemed to be, during that confusing period.

I never needed it, thank goodness,
but it is part of the strange mythology
of the sinister childhood illness that
plagued me, but which we
never discussed.

DYSGU GOFODOL

Ar goll
mewn dinas
lle dwi 'di byw
ers degawd.

Dagrau'n llifo
lawr fy mochau;
ffrindiau
ddaw o'r 'Egg Café'
dod o hyd i mi'n crwydro
ac yn fy hel fyny'r steiriau.

Yr unig beth sy'n gyfarwydd
yw'r profiad brawychus
o fod
ar goll.

Cefais wybod
y gall hyn ddeillio
o ddiffyg tyfiant 'statural';
gwaddol bosib
y bilsen borffor...
neu'r trawiadau eu hunain.

SPATIAL LEARNING

Lost
in a city
where I have lived
for a decade.

Tears flow
down my cheeks;
friends
come from the 'Egg cafe'
find me wandering
and take me up the stairs.

The only thing that is familiar
is the terrifying experience
of being
lost.

I came to know
this can result from
hindered 'statural growth';
legacy of
the purple pill…
or the seizures themselves.

KANE

Pam dw i'n casáu nhw,
mewn modd mor afresymol, ffobig?
Gweiddi a phrotestio, eisiau nhw
'di'u tynnu oddi ar y sgrin,
hyd yn oed o'r cefndir,
unrhyw beth amdanyn nhw
wedi'i wahardd o'm presenoldeb.

Ac eto 'nawr yn syml, mae'n rhaid i mi eu hwynebu,
os wyf am fod yn rhan o'r gynhadledd hon
am *'Aliens'*...a dw i am wneud hynny.

Lludiog, gludiog, sticlyd - yuck!
Oerni, salwch, braw, arswyd…

Pam fod Kane mor frawychus?
Yn ei wisg wen…
yn cael confylsiwn…

A dyna fo.
O dan yr holl haenau hynny o ataliad
fy synnwyr o ddirmygedigaeth
i'm hunan *cudd*; Kane yw *fi*,
adlewyrchiad
mewn ffordd na welais i erioed,
ond yn gwybod y bues,
o flaen eraill,
cyn,
y dihunais yn yr ystafell wen.

KANE

Why do I loathe them,
in such an unreasonable, phobic manner?
Shouting and protesting, wanting them
removed from the screen,
even in the background,
anything about them
banished from my presence.

Yet now I simply must engage,
if I want to be part of this conference
about 'Aliens'…and I do.

Slimy, sticky, viscosity - yuck!
Coldness, illness, terror, horror…

Why is Kane so frightening?
In his white gown…
convulsing…

And there it is.
Under all those layers of repression
my sense of abjection
to my *hidden* self; Kane is *me,*
mirrored
in a way I never saw,
but know I was,
in front of others,
before,
I awakened in the white room.

PORTHOL PERYGLUS

Mae'r goleuadau'n fflachio
a dw i'n rhewi yn fy unfan,
yr amledd yn deffro...
rhywbeth ynddo' i.

Dw i'n ceisio'i flocio allan
ond mae'm meddwl 'nawr yn gwibio
'nôl a 'mlaen, mae yn fy nghludo...
fy atgofion wedi'u sgramblo
a'r hyn sydd o'm cwmpas
yn ddieithr ac yn teimlo'n
bell bell o fa'ma.

O fywyd bach sgleiniog,
i sgwlcan yn y cysgodion,
mae'n rhaid i mi warchod
fy hun, rhag y bwgan
a all fy nal, pan dw i yn
y stad ansicr hon.

DANGEROUS PORTAL

Flashing lights
and I freeze in place,
the frequency awakening...
something in me.

I try to block it out
but my mind is racing
back and forth, transporting me…
my memories scrambled
and what is around me
feels unfamiliar
and far, far from here.

From a shiny little life
to skulking in the shadows,
I have to protect myself,
from the spectre
who might catch me,
when I am in this state.

Y GOLEUADAU SY'N FFLACHIO

(cyfieithiad o'm filanél isod 'The Flashing lights)

Goleuadau'n fflachio ym mhobman - anfalaen i'r mwyafrif,
sy'n ysgogi symptomau trawiadau, wedi eu hen anghofio -
yn ymestyn tu mewn, gan fy ngadael fel ysbryd.

Atgofion yn ddwfn o fewn fy seice
cynnwrf, o bryd y gorweddais ar gotwm gwyn;
goleuadau'n fflachio ym mhobman - anfalaen i'r mwyafrif.

Teimlo fy mod wedi cael dos trwm -
tawelu; rhyfedd sut y gellid deffro hyn,
ymestyn tu mewn, gan fy ngadael fel ysbryd.

Yr amser pan oedd ward y Plant yn westeiwr i mi,
wedi'm ysgwyd gan fy nghonfylsiwn twymyn diwethaf.
goleuadau'n fflachio ym mhobman - anfalaen i'r mwyafrif.

Gallaf deimlo fy hun yn llithro, yn llithro - bron…
allan o'm pwyll – fe'm curir;
ymestyn tu mewn, gan fy ngadael fel ysbryd.

Byddwn yn codi'r arian, yn talu unrhyw gost,
pe gallwn gael fy rhyddhau o'r baich hwn.
Goleuadau'n fflachio ym mhobman - anfalaen i'r mwyafrif,
ymestyn tu mewn, gan fy ngadael fel ysbryd.

THE FLASHING LIGHTS

Flashing lights everywhere – benign to most,
trigger seizure-symptoms, long forgotten –
reaching inside, leaving me like a ghost.

Memories deep from my psyche's innermost
turmoil, from when I lay on white cotton;
flashing lights everywhere – benign to most.

Feeling like I have been heavily dosed –
tranquilized; strange how this could be brought on,
reaching inside, leaving me like a ghost.

The time when the Children's ward was my host,
shaken by my last febrile convulsion.
Flashing lights everywhere – benign to most.

I can feel myself slip, sliding – almost…
out of my sanity – I am beaten;
reaching inside, leaving me like a ghost.

I'd raise the money to pay any cost,
if I could be set free from this burden.
Flashing lights everywhere – benign to most,
reaching inside, leaving me like a ghost.

RHIFEDD

Mae'r ffigyrau'n golygu
rhywbeth

meddan nhw
ond i mi maent

fel neges ddirgel
o ryw blaned arall

nad wyf byth
yn mynd i'w deall.

NUMERACY

The figures mean
something

they say
but to me they are

like a secret message
from some other planet

that I'm never
going to understand.

PAM FOD BRECHDANAU'N FENYWAIDD?

Y llinell, nid y linell.
Y llong, y llinyn, y llyfr, y llwyn.
Mae Sali Mali'n cyfri'r brechdanau -
un, dwy, tair, pedair,
gan mai benywaidd yw brechdanau ynte?
Ond pam fod brechdanau'n fenywaidd?
A sut mae gwybod pryd i dreiglo – a phryd i beidio?
Meddal, Trwynol, Llaes, Cysefin.
Mae gen i'r tabl ym mlaen fy ngeiriadur,
ond waeth iddo fod am Fecaneg Cwantwm
ar y blaned Siwenna, wir!
A beth am yr acen grom te?
A'r symbolau deniadol eraill?
Mae nhw'n edrych yn neis iawn ar y dudalen,
ac yn ychwanegu rhyw *Je ne sais quoi* at enwau pobl,
mae'n rhaid imi gyfaddef.
Siôn, Siân, Llŷr ac Andrèa.
Ond dw i'n methu'n glir â chofio'r rheolau,
ac mae nhw'n niwsans i'w teipio 'fyd –
codau cymhleth fel rhyw fath o semaffor hunllefus;
mae'n ddigon i gadw rhywun rhag blogio!
A sut mae sgwennu'r dyddiad hyd yn oed?
-af, -fed, -ydd, -ed.
A pham fod rhai pethe yn un-deg-tri
tra bod eraill yn dair-ar-ddeg?
Rwy'n ddieithryn i iaith fy nghalon –
ym mhob ffordd 'gywir' beth bynnag.

Ac eto, mae yna brydferthwch i'r cymhlethdod.
Hen iaith urddasol, swynol, gyfriniol,
â'i hidiomau pert a'i geiriau barddonol.
Mae yna ddyfnder sy'n deillio o'i hanes maith,
a'r traddodiadau morffoleg yng ngwreiddiau'r iaith.
Y mae cyfoeth yn deillio o'r tafodieithoedd niferus,
a sioncrwydd yn yr ymennydd pan fo Cymraeg ar y wefus.
Ac felly rwy'n fodlon straffaglu â marciau diacritig,
am yr anrhydedd o 'sgrifennu yn yr iaith fendigedig.
Anwesaf y nawr y teg, tecaf a'r teced,
a'r drud, y drutach, y drutaf a'r dryted.
Y mae'n bleser i ddysgu sut i gywiro fy ngwallau,
a dysgu'r ffordd orau i gyfrif brechdanau.

WHY ARE SANDWICHES FEMININE?

Y llinell, not y linell.
Y llong, y llinyn, y llyfr, y llwyn.
Sali Mali'n is counting sandwiches -
un, dwy, tair, pedair,
because sandwiches are feminine, aren't they?
But why are sandwiches feminine?
And how to know when to mutate – and when not to?
Soft, Nasal, Aspirate, Original.
I have the table in the front of my dictionary,
But it might as well be about quantum mechanics
On the planet Siwenna, really!
And what of the circumflex accent then?
And the other attractive symbols?
They look very nice on the page,
and add a certain *Je ne sais quoi* to people's names,
I must admit.
Siôn, Siân, Llŷr and Andrèa.
But I simply cannot remember the rules,
and they are a nuisance to type too -
complex codes like some kind of nightmarish semaphore;
it's enough to keep someone from blogging!
And how do you even write the date?
-af, -fed, -ydd, -ed.
And why are some things un-deg-tri
while others are dair-ar-ddeg?
I'm a stranger to the language of my heart –
in every 'correct' way anyway.

And yet, there is beauty in the complexity.
A dignified, charming, mystical old language,
with pretty idioms and poetic words.
There is a depth that comes from its long history,
and the traditions of morphology in the roots of the
language.

A richness derived from the many dialects,
and quickness in the brain when Welsh is on the lips.
And so I'm willing to struggle with diacritical marks,
for the honour of writing in the wonderful language.
I'll embrace now the teg, tecaf and the teced,
and the drud, y drutach, y drutaf and dryted..
It's a pleasure to learn how to correct my mistakes,
And learn the best way to count sandwiches.

CYNGOR AR LLYTHRENNEDD

Ti angen darllen mwy
o lyfrau Cymraeg...

> Wel dechreuais hefo *Ffiffi a Ffêl*,
> ac yna pob stori o'r Beibl mewn llyfrau neis
> hefo lluniau lliwiog; *Del a Dei yn y Gegin*
> wedyn, wnes i gacen siocled hyfryd o
> hwnnw...Yna 'mlaen at bob dim arall
> o gylchgrawn Sbondonics a'i masgot bach
> gwyrdd...fi oedd y cyntaf mewn i'r fan
> llyfrau, pan ddaeth i'n hysgol.

Mi ddeith y treigliadau 'sdi,
hefo digon o ymarfer,
a dyfal barhad...

> Dwi'n bedwar-deg-pedwar!
> A dros fy mhedwar degawd
> nid wyf byth wedi *teimlo'r treigliad,*
> a gwelaf eraill yn rhesymu pryd i wneud a
> phryd i beidio, trwy ddysgu rheolau, so...

Ond mae'r Cymry Cymraeg...

> Dwi o deulu dwyieithog, ac hefyd
> cefais yr un math o broblemau
> yn y Saesneg...
> Mae gen i SEN. Mae gen i SEN.
> Mae gen i SEN!!!!

ADVICE ON LITERACY

You need to read more
Welsh books...

> Well I began with *Fiffi a Fêl,*
> and then every story from the Bible
> in nice books with colourful pictures;
> then *Del a Dei* in the kitchen -
> I made a lovely chocolate cake from that...
> Then on to everything else from Sbondonics
> magazine and its little green mascot...
> I was the first in the book van, when it came
> to our school.

The mutations will come,
with enough practice,
and persevere...

> I'm forty-four!
> And over my four decades
> I have never *felt the mutation,*
> and I see others reasoning when to do it,
> and when not to, by learning rules, so...

But the Welsh-Welsh...

> I'm from a bilingual family,
> and also I had the same kind of problems
> in English...
> I have SEN. I have SEN. I have a SEN!

CRWYDRO CREITHIAU'R COF

Darllen erthyglau, a dychmygu
fy ymennydd bach yn tyfu
yn wyrgam, gan ddatblygu
siâp a chyfeiriad unigryw ei hun.

Datblygiad wedi'i atal
Yma, ond nid acw,
felly 'sgiw' i'r cyfeiriad hwnnw,
tra fan yma, mae hi'n bitw.

Nam neu addasiad?
Mannau'r ymennydd
ddim yn gweithio
mannau eraill
yn pefrio, gan weithio'n rhy dda,
yn ffyrnig, dwymyn,
dros ben llestri.

Llanast yw fy ymennydd
a fy ngalluoedd.
Tystiolaeth tarddiad
'Niwrowahaniaeth'.

Beth mae'n edrych fel?
'Sa'i eisiau gwybod. Er...

EXPLORING THE SCARS OF MIND

Reading articles, and imagining
my little brain growing
crookedly, developing
its own unique shape and direction.

Development hindered
Here, but not there
so 'skewed' in that direction,
while here, it is paltry.

Damage or adaptation?
Parts of my brain
not working
other parts
sparkling, working too well,
furiously, feverishly,
over the top.

My brain and my abilities
are a mess.
evidence of origin:
'Neurodivergence'.

What does it look like?
I'd rather not know. Although...

EPIFFANI YN NANT GWRTHEYRN

Roeddwn wedi bod o'r blaen, flynyddoedd yn ôl,
rhyw ugain mlynedd mae'n debyg;
ond bryd hwnnw nid oeddwn yn deall yn iawn
beth oedd wrth wraidd fy mhroblem.

Y tro hwn fydda hi'n wahanol,
felly gwthiais fy hun ymlaen,
Ydw, dwi'n ddysgwr, dwi angen dysgu'r un gwybodaeth,
felly a oes ots, pryd ddechreuais
o'r cryd yn hytrach na fel oedolyn?

Grŵp hyfryd. Tiwtor ffeind.
Esboniais, ymatebodd trwy fynd dros
fanylion na fyddai fel arfer; straffaglu wnes
ond canolbwyntiais, ac yna
ynghanol y dosbarth criais
a chefais gwtch a chydymdeimlad...
yna empathi, wrth i mi ddatgelu...

Nid crïo oeddwn am ddirgelwch
y gwaith, ond yn hytrach
criais gan fy mod wedi dechrau deall
a gweld...mi fysa hi wedi bod yn bosib
i mi ddysgu hyn, wedi'r cyfan
tasa rhywun wedi sylwi, a rhoi'r help i mi...

EPIPHANY AT NANT GWRTHEYRN

I'd been before, years ago,
probably about twenty years before;
but at that time, I did not understand properly
what was at the root of my problem.

This time it would be different,
so I pushed myself forward,
Yes, I am a learner, I need to learn the same information,
so does it matter, when I began
from the crib rather than as an adult?

A lovely group. A kind tutor.
I explained, he responded by going over
details that he would not usually cover; I struggled
but I concentrated, and then,
in the middle of the class I cried
and I got a hug and sympathy...
then empathy, as I revealed...

I wasn't crying for the mystery
of the work, but rather
I cried because I had begun to understand
and I saw...it would have been possible
for me to learn this, after all
if someone had noticed, and given me the help...

BERWI A METHU CYSGU

Gorweddaf yn y tywyllwch
a'r holl wybodaeth yn chwyrlio
yn yr aer uwchben y gwely.

Dwi'n berwi, fel crochan dros dân
a rhyw sylwedd tew ynddo
sy'n byrlymu ac yn bygwth
berwi dros yr ochr,
gan greu ffrwydrad o ryw fath.

Mae'r meddyliau yn cylchu
rownd a rownd –
Beth os na wnaethant...?
Tasa rhywun 'mond wedi sylwi...!
Dim ond iddynt holi...!
Rhoi'r help i mi...?!

Ond felly, dyma fi
mewn cawlach a chywilydd
methu a chyfrannu dim o werth
yn ddi-werth, methu gweld gwerth

ac yn berwi a methu cysgu...

BOILING AND UNABLE TO SLEEP

I lie in the dark
whilst all the information swirls
in the air above the bed.

I'm boiling, like a cauldron over a fire
with some thick substance in it
that bubbles and threatens
to boil over the side,
creating an explosion of some sort.

The thoughts circle
round and round:
What if they hadn't...?
If someone had noticed...!
If only they'd asked...!
Given me the help...?!

But then, here I am
in a mess and in shame
unable to contribute anything of worth
worthless, unable to see worth

and boiling and unable to sleep...

ABLAETH RHEMP Y CRACHACH

'Mae'n cymryd blynyddoedd
i astudio'r grefft o farddoniaeth', meddai hi;
O! yr eironi. Achos dyna be' dwi
'di bod yn wneud 'sdi,
ers o ni'n ryw seventeen...
yn barddoni mewn bedsits hefo beiro!

Do tad, mi es i'r 'steddfodau bach lleol,
a'r un fawr genedlaethol, hefyd;
cyfrannu, barddoni, sgrifennu, cymdeithasu –
yn fwy nag craill o fro fy mcbyd.

Ond mae'r sin lenyddol Gymreig yn seiliedig
ar egwyddorion a meddylfryd niwrotypigal,
sy'n fy eithrio o bob cornel.

'Diffyg llythrennedd'; - yr unig adborth ges i,
a hynny ddim yn helpu o gwbl, gan mai
nam yr ymennydd sy'n achosi hynny.
Mae angen cymorth, cefnogaeth, a dealltwriaeth,
er mwyn cynnwys ein hamrywiaeth
yn stori fawr gwilt clytwaith *'Y Cymry'*.

Chi'n cydnabod yr angen am gydraddoldeb,
ac amrywiaeth i raddau, ond nid anabledd o gwbl;
Well peidio sôn am hwnnw – achos, onid diffyg ymdrech
'di hwnnw, wedi'r cyfan, yn y bôn?

Mae'r bwlch rhwng ein bydoedd mor eang,
fel bysa angen rhyw fath o wyrth
i dy helpu di i weld fy nhalent o gwbl:
YR HOLL BWYNT YW FY NGWAHANIAETH!

'Teilyngdod barddol' arferol yn rhywbeth rhiniol
ac yn ddirgelwch yn ei gynildeb amwys;
mae 'na fwy nag un ffor' o fod yn fardd, 'sdi!

Ond dene fo, dim ots...dim pwynt dadlau.
A'i ymlaen i chwarae yng nghae eang, braf y byd,
y tu hwnt i dy gilfach gul, ddiddychymyg di,
lle mae popeth mor undonog.

Wedi fy sbarduno, gan aildanio'r tân yn fy mol –
a'r creadigrwydd yn llifo drwydda i.
A'i ati o ddifri, yn ffyrnig, ddi-baid,
i rannu barddoniaeth am fy enaid
hynod, od, i

RAMPANT ABLEISM OF THE CRACHACH

'It takes years
to study the art of poetry', she said;
Oh! the irony. Because that's what I've
been doing, you know,
since I was seventeen...
writing poetry in bedsits with a pen!

Yes indeed, I went to the little local steddfods,
and the big national one, too;
contributing, writing poetry, writing, socializing –
more than others from my neighbourhood.

But the Welsh medium literary scene is based
on neurotypical principles and thinking,
which excludes me from every corner.

'Lack of literacy'; - the only feedback I got,
and that doesn't help at all, because
brain damage is what causes that.
We need help, support and understanding,
in order to include our diversity -
in the great patchwork quilt story of 'The Welsh'.

You recognize the need for equality,
and diversity to an extent, but not disability at all;
Better not to mention that - because, that's just
a lack of effort isn't it, after all, basically?

The gap between our worlds is so wide,
it would take some kind of miracle
to help you see my talent at all:
THE WHOLE POINT IS MY DIFFERENCE!

Usual 'poetic merit' is something so mysterious
in its vague conciseness;
there's more than one way to be a poet, you know!

But there we are, it doesn't matter...no point arguing.
I'll go on to play in the wide, beautiful field of the world,
beyond your narrow, unimaginative niche,
where everything is so monotone.

Spurred on, the fire in my belly is reignited –
creativity flowing through me.
I shall earnestly, fiercely, relentlessly,
share poetry about my extraordinary,
odd soul.

FFINIAU FFRINDIAETH

Baich
yw bod yn 'ffrind'
i fardd
sydd â
niwrowahaniaeth.

Prawfddarllenwr
di-dâl
i lythrennedd gwael,
gan danseilio
gyrfa'r
golygyddion.

A ta waeth
am foeseg
a rhethreg
y weithred…

A yw'n farddoniaeth
wedi'r cwbl?
Ac, yn wir,
a allwn
alw hwn
yn 'ffrindiaeth'?

THE BOUNDARIES OF FRIENDSHIP

Tis a burden
to be a 'friend'
to a poet
who is
neurodivergent.

Unpaid
Proofreader
to poor literacy,
undermining
editorial
careers.

And no matter
about ethics
and the rhetoric
of the action…

Is it poetry
after all?
And, indeed,
can we call
this 'friendship'?

Y SALWCH CWYMPO

Amrannau wedi'u haddurno â galena
yn erbyn malachite llachar,
wedi'u britho â pyrite glas lapis lazuli,
syllu trwy lygaid twll sbïo, wedi'u dorri
mewn i wyneb carreg gerfiedig ar y wal.
Mae hi'n ei wylio yn cwympo, yn arddangos
anwirfoddol o salwch dirgel; yn ddiarwybod
mae hi'n dysgu sut i'w gynorthwyo.

Cansen ar draws y tafod,
rhwng dannedd wedi'u crensian,
yn iasol debyg, ganrifoedd yn ddiweddarach.
'Epi-lapse' y mae'i chynghorydd yn galw'r peth;
spasm y cyhyrau, gwyrgamiad.
Efallai yr un peth â'r hyn a gystuddiodd
Alexander Fawr, arwr Cesar.
Roedd y Groegiaid yn meddwl fod y peth yn dangos
ffafriaeth gan y Duwiau;
yn Rhufain, bu'n arwydd o feddiant dwyfol.

Waeth beth fo'r duedd, roedd o ganddynt hwy oll,
y dynion eithriadol hyn o hanes,
fel yr wyf i, er bod fy mywyd pitw
yn anghymharol. Ond efallai,
y mae nerth ynof hefyd
sy'n deillio o'r 'Salwch cwympo'.

THE FALLING SICKNESS

Galena-lined lids against bright malachite,
and the pyrite-flecked blue of lapis lazuli,
peering through spy-hole eyes, cut
into a carved stone face on the wall.
She watches him fall, in an involuntary
display of a mystery illness; unwittingly
learning how to assist him.

A cane across the tongue, between gritted teeth,
eerily similar, centuries later. Her advisor calls it
'epi-lapse'; muscles-spasms, contortions.
Maybe the same as that which afflicted
the Great Alexander, Caesar's hero.
The Greeks thought it showed
they were favoured by the Gods;
in Rome, that it meant divine possession.

Regardless of trend, they shared it,
these exceptional men from history,
as do I, though my mundane life
bears no comparison. But perhaps,
there's a strength in me also
that comes from *'The falling sickness'*.

Y LLYGAD GLAS GOLAU

Roedd Lea yn dioddef gan drawiadau,
ac felly, er mwyn ei gwella,
wnaeth hi a'i brawd
gychwyn ar ddefodau Satanaidd…

… oherwydd fel y gwyddom oll
dyna'r iachâd gorau ar gyfer trawiadau...?!

A does dim esgus mewn gwirionedd,
a ryddhawyd yn 2022, gan addasu
nofel o ugain mlynedd yn ôl;
Mae hwn. Yn. Fy. Ngwylltio. I.

Yn wir…
…ni allaf ffeindio'r geiriau
i fynegi fy siom,
heblaw am ddweud:

Beth ar y ddaear daeth drostyn nhw
pan wnaethon nhw'r ffilm yma?!

THE PALE BLUE EYE

So, Lea suffers from seizures,
and thus in order to cure her,
she and her brother
embark upon Satanic rituals…

…because as we all know
that's the best cure for seizures…?!

And there's no excuse really,
released in 2022, adapting
a novel from twenty years ago;
This. Offends. Me.

I really…
…cannot find the words
to express my dismay,
except to say:

What on earth were they thinking
when they made this film?!

Y FRWYDR DDYDDIOL

Bywyd beunyddiol, hynod o heriol
fel rhyw fath o fabolgampau mympwyol.

Llosgi egni fel tasa gen i wy-ar-lwy
tra bod eraill yn loncian yn hamddenol
yn eu lonydd di-rwystr.

Fy llwyth meddwl yn llawn
gorchmynion a gofynion
ychwanegol, afresymol.

Cynllunio'n filwrol
jyst er mwyn teimlo'n weddol
iach a heini.

Dwi'n brwydro'n ddyddiol
yn erbyn blinder parhaol,
tra 'da chi'n disgwyl
i mi fod
yn union fel chi.

THE DAILY STRUGGLE

Everyday life, is extremely challenging
like some kind of arbitrary sports day.

Burning energy like I have egg-on-a-spoon
while others are jogging leisurely
in their uncluttered lanes.

My mental load is full of extra
unreasonable
orders and requirements.

Military planning
just to feel fairly
healthy and well.

I struggle daily
against chronic fatigue,
while you expect me
to be
just like you.

BLINDER 'TRAWIAD-ÔL'

Cyn i mi ddod i delerau a'r cyflwr
a dysgu delio hefo'r bwgan,
mi roedd yna gyfnod brawychus
lle byddaf yn gwthio fy hun i fod
ar yr un lefel â phawb o'm cwmpas;

Trïo, rhuthro, gwingo, ac yna
daeth niwl drostaf.

Rhyw ddryswch yn fy nghipio
fel swyn y trawiadau gynt.

Syllu'n syn, siarad sothach,
fy nghorff yn gwrthod ymateb
i'r ru'n gorchymyn gen i.

Cwsg a gorffwys, yr unig driniaeth
yn araf daeth fy ymwybyddiaeth
yn ôl i'r gragen wag ar y gwely.

'FLASHBACK'/ STRIKING FATIGUE

Before I came to terms with the condition
and learnt to deal with the spectre,
there was a frightening time
where I would push myself to be
on the same level as everyone around me;

Trying, rushing, squirming, and then
a fog would come over me.

Some kind of confusion would seize me
like the spell of the former seizures.

Staring blankly, talking nonsense,
my body refusing to respond
to a single command I made.

Sleep and rest, the only treatment
slowly my consciousness would come back
to the empty shell on the bed.

SGILIAU ECHDDYGOL MANWL

Gwelaf di, Sara-bach
a'th fys wedi chwyddo'n anaf
o le daliaist ti'r pensil mor dynn;

dy 'sgrifen serch hyn
yn flerwch a dryswch,
ac yn destun cywilydd.

Ymlaen es ti i ddysgu gyrru
mewn awto yn unig,
ar ôl gwastraffu oriau o wersi
aflwyddiannus,
mewn car 'normal'.

Artist anabl, heb os
dal i stryglo, ac eto'n llwyddo
hefo pensiliau 'chunky'
ac oriau o daro'r dudalen
i greu rhyw fath o lun
a gellir ei alw'n celf.

FINE MOTOR SKILLS

I see you, little Sara
with your finger swollen into an injury
where you held the pencil so tightly;

your writing though,
still a matter of confusion
and shame.

You went on to learn to drive
an 'auto' only,
after wasting hours of lessons
unsuccessfully learning
in a 'normal' car.

A disabled artist, for sure
still struggling, yet succeeding
with 'chunky' pencils
and hours of hitting the page
to create some kind of picture
which can be called art.

TYMER A THYMHEREDD

Pan ddaw niwl y blinder drostaf
mae'n oer fel noson aeaf.

Oerfel yn fy nifa,
wrth i ryw rym annelwig
fy ngwthio'n llorweddol.

A dwi'n cofio nôl
ar hyd y degawdau
at gyfnodau o fod
yn afresymol
o boeth neu'n oer,
yn eithafol
fel ei gilydd.

Tymheredd yw un o'm heriau dyddiol,
cadw fy hun o fewn
amrediad cyffyrddus, derbyniol.

Mae fy nhymer a thymheredd fy nghorff
yn ddibynnol ar ei gilydd.

TEMPER AND TEMPERATURE

When the fog of fatigue comes over me
it's cold like a winter's night.

The cold consumes me,
as some vague force
pushed me horizontally.

And I remember back
throughout the decades
to periods of being
unreasonably
hot or cold,
extremes
alike.

Temperature is one of my daily challenges,
keeping myself within
a comfortable, acceptable range.

My temper and my body temperature
are dependent on each other.

NODIEDYDD

Eich dirmyg sy'n eich dadwneud,
seiliedig fel y mae e
ar y ffaith nad ydych yn gwybod
dim
am fy anabledd...na chyfiawnder...
na sut i alluogi hygyrchedd.

Dydw i ddim yn bod yn ddiog,
nac yn osgoi cyfrifoldeb...

Mae 'na reswm
fod pobl ag SEN
yn cael darpariaeth,
gan gynnwys cofnodwyr ar gyfer darlithoedd.

Na, alla i ddim jyst 'hyslo' am heddiw,
beth bynnag fo'ch llwyth *chi*, mae fy un *i* dal yr un peth.
Nid yw ein nestra yn fyn nhrwsio
a beth bynnag, ni ddylid yr un ohonom
fod yn ceisio 'make do'.

Felly, gawn ni adael y whataboutery, chi'n meddwl?
Y tro nesaf, gadewch i ni gael darpariaeth briodol,
resymol yn ei lle,
fel petaem...yn wlad foesgar?

Achos sori gen i ddweud,
ond yn anffodus, nid yw
anabledd
byth yn cymryd y diwrnod i ffwrdd!

NOTETAKER

Your disdain is your undoing,
based on your not knowing
anything
about my disability…or equity…
or how to enable accessibility.

I'm not just being lazy,
shirking responsibility…

There's a reason
people with SEN
are given provision,
including notetakers for lectures.

No, I can't just 'hustle' for today,
whatever your own load, mine remains the same.
Our proximity doesn't 'fix' me
and anyway, neither of us
should be seeking to 'make do'.

So, let's quit the whataboutery, shall we?
Next time, let's have appropriate,
reasonable provision in place,
as though…we're a civilized country?

Because I'm afraid to say,
unfortunately
disability
never takes the day off!

Nodiadau SEN + WS.T-1 (dim ffiltar!)

Bu trafodaeth am y dyddiad gorau...
...rhifau, i gyd yn swndio'n debyg i mi.
Roedd yna clash posib hefo...
...rhywbeth, o ni methu clywed beth.
Fysa raid gofyn i...
...na, neshi ddim clywed nene chwaith...

<u>Lleoliad</u>
Nodi
Hynny ydy...
yr *union* wybodaeth gewch
gan bawb eraill,
so be 'di'r iws
i mi straffaglu?

Rhywbeth, rhywbeth, cymhleth...
mor gwic, collais
ddiwedd y frawddeg,
gan fod fy llaw araf
dal yn ceisio nodi'r cychwyn;

fy llythrennedd a chystrawen,
o fy mrên bach gwyrgam
yn llanast;
a'r 'sgrifen mor wael
all neb ei ddeall – ddim hyd yn oed fi!

A'i hyn oedd gen ti mewn golwg?
Ac oes gwerth yn y garbwl?

Ddigon i gyfiawnhau i mi golli
naws a siâp y cyfarfod
yn ei chyfanrwydd?

'Da ni, y pobl-hefo-anableddau
gin rhywbeth i'w gynnig 'sdi,
ond dyw fy ngwaddol ddim yn cynnwys
fod yn ysgrifenyddes -
dene pam na fyddaf byth
yn cynnig fy hun
i'r capasiti hwnnw.

Mae 'na eraill hefo'r sgiliau hyn,
felly pam na nei di ofyn iddyn nhw?

Notes SEN + WS.T-1 (no filter!)

There was discussion about the best date...

...numbers, all sound similar to me.

There was a possible clash with...

...something, I didn't hear what.

We'll have to ask...

...no, I didn't hear that either...

Location

Note

That is...

the exact information you'll get

from everyone else,

so, what's the use

of me struggling?

Something, something, complicated...

so quick, I missed

the end of the sentence,

as my slow hand

was still trying to note the beginning;

my literacy and syntax,

from my crooked little brain

a mess;

and the writing so bad

no one can understand it - not even me!

Is this what you had in mind?

And is there value in the garble?

Enough to justify me losing

the tone and shape of the meeting

as a whole?

We, the people-with-disabilities

have something to offer, you know,

but my offering does not include

being a secretary -

this is why I would never

offer myself

to that capacity.

There are others with these skills,

so why don't you ask them?

EL

Hogan yn ei choban wen,
yn fach hefo modfedd o wallt,
yn cofio nôl i 'stafell 'sbyty
a'r plant eraill oedd fel hi.

Safonau ysgol yn ddieithr iddi,
felly mae hi'n siomi, ac mae'r bwli
yn ymfalchïo wrth ei phoenydio;
a finnau yn berwi drosti hi.

Methu ymateb, heb ei phwerau,
ond mae'n dial beth bynnag,
mewn ymosodiad ysgytwol, annisgwyl;
a theimlaf ewfforia ar ei rhan hi.

Wrth grwydro creithiau'r cof,
dysgai am y trawma, a thynnai nerth yn ôl.
Fel 'ma mae hi fod, a finnau hefyd;
wrth i mi uniaethu hefo EL.

Ac wrth i minnau crwydro'r creithiau
ar hyd lôn gofio, a'i themâu tebyg,
mae'n teimlo'n afresymol i mi
nad wyf hefyd hefo
pwerau telecinetig;
teimlaf fy mod fel EL.

EL

The girl in her white gown,
small with an inch of hair,
remembers back to a hospital room
and the other children who were like her.

School standards unfamiliar,
so she disappoints, and the bully
takes pride in tormenting;
and I seethe for her.

Unable to respond, without her powers,
she takes revenge anyway,
in a shocking, unexpected attack;
and I feel euphoria on her behalf.

Wandering the scars of her memory,
she learned about the trauma, and drew strength.
This is how she should be, and me too;
as I identify with EL.

And as I wandered my own scars,
along memory lane, and its similar themes,
it feels unreasonable to me
that I do not possess
telekinetic powers;
I feel that I'm like EL.

YR UN CHI (SameYou)
(Ar ôl Emelia Clarke)

Ar y sgrin, mae hi'n fy mhortreadu i, a'm fy math,

dad-bigmentiedig heblaw am aeliau tywyll;

mam y dreigiau, tywysoges arian;

a dw i'n ei charu hi am hyn, dysgu tips ffasiwn, y glesni

llond ei wardrob, plethau cymhleth rhaid i mi ei trïo
rywbryd.

Ac yna, pan feddyliais na allwn ei charu hi mwy...

Mae'n sôn am ei salwch yn ystod ffilmio,

sy'n swnio'n gymhleth - gwaedlif ar yr ymennydd, strôc!

Deffrodd hi, mewn ystafell wen,

yn debyg i sut y gwnes innau, wedi syfrdanu a drysu,

diffyg rheolaeth, fel fi.

Gwellhad araf, yna atgwymp, fel y cefais;

ymyriad methedig, llawdriniaeth eithafol, trwy ei phenglog

sydd 'nawr yn cael ei dal ynghyd gan darnau o fetel.

Fel *na* chefais i fyth!

Pryderai am bob cur pen, fel y byddech chi,

a allai... hyn fod yr un ddaw â hi i ben?

Cerdded oddi ar y llwyfan yn ComiCon,

cael deu'thi; 'Mae MTV yn aros',

ac mewn hiwmor crocbren, penderfynodd

fod marwolaeth ar gamera, yn fyw ar MTV…

yn gystal ffordd ag unrhyw un!

Jest pan feddyliais na allwn ei charu hi mwy...

Sefydlodd elusen, *SameYou*, i helpu'r rhai sy'n

gwella o anafiadau i'r ymennydd a strôc, y trawma;

wrth ochr hynny, pitw yw'm hymdrechion i.

Model yw hi, yn ddisglair

i ni i gyd, mae hi'n anhygoel ...

Jest pan feddyliais na allwn ei charu hi mwy...

Same You

(After Emelia Clarke)

On screen, she portrays me, and my kind,

depigmented except for dark brows;

mother of dragons, silver princess;

and I love her for this, pick up fashion tips, the blueness

of her wardrobe, complex plaits I must try sometime.

And then, *just when I thought, I couldn't love her more…*

She talks of her sickness during filming,

a complex-sounding brain haemorrhage, A stroke!

She awoke, in a white room,

much as I did, dazed and confused,

lack of control, much as I had.

A slow recovery, then relapse, as I had;

failed intervention, an invasive operation, through her skull

now held together with bits of metal.

As I *never* had!

She worried over every headache, as you would,

could…this be the one to end her?

Walking off-stage at ComiCon,

was told 'MTV are waiting',

and in gallows humour, decided

death on camera, live on MTV…

was as good a way as any!

Just when I thought, I couldn't love her more…

She set up a charity, *SameYou*, to help those who

recover from brain injuries and strokes, the trauma;

by comparison, my efforts are puny.

She's a shining example to us all,

she's extraordinary…

Just when I thought, I couldn't love her more.

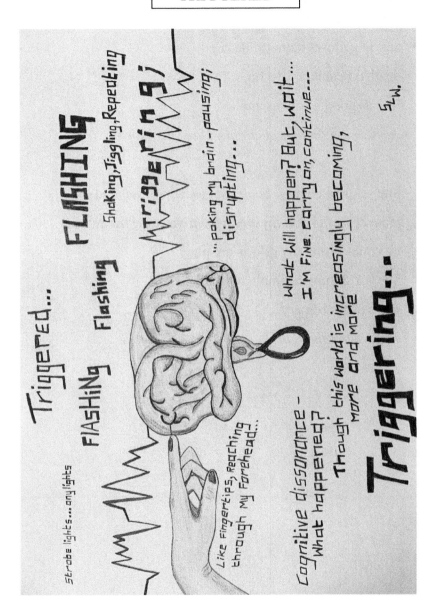

Cyhoeddiadau eraill gan Sara Louise Wheeler/ Other Publications by Sara Louise Wheeler:

- Ablaeth Rhemp y crachach, pamffled ddwyieithog/ The Rampant Ableism of the Crachach, bilingual poetry pamphlet.

- Llyfr lloffion 'Bardd y mis', Ionawr 2021 /Poet of the month, January 2021 scrap book.

- Rwdlan a Bwhwman – cyfrol cyntaf o farddoniaeth / Drifting and prattling (Cyfrol uniaith Gymraeg/ a Welsh-language only first poetry collection)

- Y ras i gynganeddu/ The race to cynganeddu bilingual poetry pamphlet

  I gyd ar gael i'w lawrlwytho am ddim fel PDFau o wefan Gwasg y Gororau/ All available to download for free as PDFs from the Gwasg y Gororau website:
  https://gwasgygororau.wordpress.com/

Trawiad/ Seizure

Pamffled o gerddi | A poetry pamphlet

Sara Louise Wheeler

Argraffiad 1/ First Edition 2023

ISBN: 9798386532444

Gwasg y Gororau

WWW.GWASGYGORORAU.WORDPRESS.COM

Printed in Great Britain
by Amazon

28552882R00051